ÜBERALL IST NIEDERRHEIN

Der Fotograf Hans Glader ist gebürtiger Öster-
reicher und lebt heute in Isselburg.
Seit 1975 betreibt er Naturfotografie. Seine Bilder wurden in zahlreichen Büchern, Zeitschrif-
ten, Kalendern und Prospekten mehrerer Länder
veröffentlicht (Deutschland, Österreich, Schweiz,
Italien, Grossbritannien, Niederlande).
Hans Glader ist gelernter Schriftsetzer und seit
1990 beim Naturschutzbund Deutschland, Landes-
verband Nordrhein-Westfalen, zuständig für die
Öffentlichkeitsarbeit.

Der Maler Hein Driessen hat an der Hochschule
für bildende Kunst in Essen (Folkwang) und an
der Werkkunstschule, Düsseldorf, seine hand-
werkliche und künstlerische Ausbildung erhalten
(Lehrer unter anderen Professor Urbach, Professor Schardt, Bernd Terhorst und Karl Scherer).
Zahlreiche Ausstellungen im In- und Ausland
sowie öffentliche Aufträge und Ehrungen.
Hein Driessen gehört zu den bekanntesten Ma-
lern am Niederrhein; seine Bilder spiegeln die
Landschaft wider, in der er am 2. Oktober 1932
geboren wurde.

Hanns Dieter Hüsch

Überall ist Niederrhein

Es lebe die Hetter!

mit Fotos von Hans Glader

und Aquarellen von Hein Driessen

Mercator-Verlag

Das Buch ist der Natur am Niederrhein gewidmet. Es dient der Förderung des Naturschutzgebietes „Hetter", dessen Pate Hanns Dieter Hüsch seit 1992 ist. Ein Teil des Verkaufspreises fliesst der 2000 Jahre alten bäuerlichen Kulturlandschaft zu.

Die Hetter liegt ganz dicht an der deutsch-niederländischen Grenze zwischen Emmerich und Rees. Hier lebt das grösste Uferschneppen-Vorkommen Nordrhein-Westfalens. Der Vogel mit dem rostroten Sommergefieder wurde zum Charaktervogel der Hetter.

In dem Feuchtgebiet bilden sich bei Rückstau oder Hochwasser in den Landwehren kleine Überschwemmungen. Das Wasser bleibt längere Zeit stehen und bietet so eine ideale Lebensgrundlage für zahlreiche bedrohte Tiere und Pflanzen.

Mit der Ankunft der sibirischen Bläss- und Saatgänse verändert sich im Winter das Landschaftsbild. Schwärme von Gänsen, in manchen Jahren weit über 100.000, ziehen in die Hetter und überwintern bis Anfang März am Rhein.

Der Nordrhein-Westfalen-Stiftung kommt ein Anteil aus dem Verkauf des Buches zugute. Diese Mittel setzt die Nordrhein-Westfalen-Stiftung für die Hetter ein und will gemeinsam mit dem Naturschutzbund Deutschland, der dieses Naturschutzgebiet betreut, mithelpen, dass diese typische niederrheinische Landschaft erhalten werden kann.

In Zusammenarbeit mit dem
Förderverein Nordrhein-Westfalen-Stiftung
Naturschutz, Heimat- und Kulturpflege e. V., Düsseldorf

Titelportrait Hanns Dieter Hüsch: Edda Mair
Zeichnungen im Textteil: Hein Driessen

Die Übernahme des Textes „Ditz Atrops"
aus dem Buch „Das schwarze Schaf vom Niederrhein"
erfolgte mit freundlicher Genehmigung des
Verlages Rogner & Bernhard, Hamburg

2. Auflage 1994
© Copyright 1994 by
Gert Wohlfarth GmbH
Verlag Fachtechnik + Mercator-Verlag, Duisburg
ISBN 3-87463-226-1

Inhalt

Was wäre der Niederrhein ohne eines seiner berühmtesten und rührigsten „Kinder"!

So eng, wie Hanns Dieter Hüsch seiner Heimat verbunden ist, hat er gewiss ohne Zögern ja gesagt, als er gebeten wurde, Pate für das Naturschutzgebiet Hetter am Niederrhein zu werden. Und dem Wort folgten auch gleich Taten: Mit mehreren Matineen und dem „Ersten Niederrheinischen Schneppenfest" hat er kräftig für sein Patenkind die Werbetrommel gerührt. Wem gefällt nicht seine kritische Liebe zur Heimat, die sich in seinen Liedern und Texten niederschlägt, und wer mag nicht seine unnachahmliche Art der Auseinandersetzung mit ihren Menschen, ihrer Natur und ihrer Kultur?

Hanns Dieter Hüschs Einsatz und sein Engagement haben die Hetter inzwischen weit über die Grenzen unseres Landes hinaus zu einem Begriff gemacht und dazu beigetragen, dass der Schutz dieses einmaligen Landstriches ein gutes Stück vorangekommen ist.

Der Titel „Überall ist Niederrhein" macht neugierig. Ich wünsche Hanns Dieter Hüsch und seinem Buch viele interessierte Leser.

Johannes Rau

ÜBERALL IST NIEDERRHEIN!

WISSEN SIE ALS ICH DEN SLOGAN ERFUNDEN HAB:

ÜBERALL IST NIEDERRHEIN! WEITERSAGEN!

DA HAT MICH VIELLEICHT SON VERKEHRSDIREKTOR

AUF SONER INTERNATIONALEN TOURISMUSBÖRSE GANZ DUMM ANGEGUCKT

ALS WOLLTE SAGEN: BÜRSCHCHEN BÜRSCHCHEN PFUSCH MIR NICHT INS HANDWERK

DER WAR NEIDISCH

DABEI MEIN ICH ET WIRKLICH NUR GUT!

ACH DU MEINE GROSSE GÜTE

IM FÜRSTENSCHLOSS MIT FRÜHLINGSBLÜTE

IM HÄUSCHEN MIT KANINCHENSTALL

NIEDERRHEIN IST ÜBERALL!

WEITERSAGEN!

ICH MEIN ET STIMMT NATÜRLICH NICHT GANZ ABER IS DOCH NETT

DIE NIEDERRHEINER SAGEN JA IMMER NETT

MEISTENS

NICHT GUT SONDERN NETT

WAR NETT

WAR EN NETTER ABEND

IS SON NETTER KERL

SAGTE MEIN VATER IMMER

DER HEINI HASENKAMP

IS SON NETTER KERL

JA WIR NIEDERRHEINER SIND JA ÜBERALL

HAB ICH FESTGESTELLT

ÜBERALL SIND NIEDERRHEINER

OB HOCH IM NORDEN ODER TIEF IM SÜDEN

ENTWEDER EINGEHEIRATET ODER BERUFLICH DAHIN VERSCHLAGEN

DAT IS JA AUCH TYPISCH NIEDERRHEINISCH

DIE SAGEN NIE WAS HAT SIE DENN HIERHIN GEFÜHRT

SONDERN IMMER WAT HAT SIE DENN AUSGERECHNET HIERHIN VERSCHLAGEN?

UND DANN SAGEN DIE

JA ICH HAB HIER MEIN FRAU KENNENGELERNT

DIE IST ABER AUCH NIEDERRHEINERIN AUS ALPEN

UND DANN DER BERUF NATÜRLICH

UND DA SIND WIR HIER HÄNGENGEBLIEBEN

SO SPÜR ICH ÜBERALL NIEDERRHEINER AUF

WENN ICH IM ALLGÄU EINE TYPISCHE NIEDERRHEINISCHE BEMERKUNG MACH

DANN LACHEN DIE SICH TOT

MITTEN IM ALLGÄU UND IN FLENSBURG AUCH

UND DANN SAGEN DIE IMMER HINTERHER ZU MIR: GENAU WIE MEIN OMA

ODER WIE TANTE ANNA ODER WIE ONKEL HEIN

ICH HÖRE MEINE MUTTER HAT MIR SCHON MANCHE FRAU GESAGT

WENN ICH SIE HÖRE HÖRE ICH MEINE MUTTER

DA KÖNN SE MAL SEHEN SAG ICH DANN IMMER

OBWOHL ICH IHRE FRAU MUTTER GAR NICHT GEKANNT HABE

WIE ALLES SO ZUSAMMENHÄNGT

DIE TANTE VON DER MARGARETHE SCHREINEMAKERS

HAT MAL GESAGT

ALS SIE EINE SCHALLPLATTE VON MIR GEHÖRT HAT

„DAT SOLL KOMISCH SEIN DE SPRICHT JA WIE ICH"

Und so ist ganz allmählich überall Niederrhein

Man muss nur davon reden sag ich immer

Wer redet ist nicht tot hat schon Gottfried Benn gesagt

Und der Alfred Kerr der grosse Kritiker

Der hat glaub ich mal über Gerhard Hauptmann folgendes gesagt

Als er über Schlesien schrieb kannte ihn die ganze Welt

Als er über die ganze Welt schrieb kannte ihn kaum jemand in Schlesien

Gehe vom Häuslichen aus sagt ja glaub ich Goethe auch schon

Und der hats ja gewusst

Und ich sage Ihnen jetzt auch mal was ganz unter uns

Kommen Se mal en bissken näher

Je mehr ich in de Küch sitz und da so rumkrös

Je mehr Philosophie kommt in mir auf

Ne wirklich

Das darf man nicht unterschätzen

In diesem Sinne

Überall ist Niederrhein!

Psychogramm

Der Niederrheiner weiss nichts kann aber alles erklären

Das heisst er weiss schon einiges kann auch nicht alles erklären

Aber er bleibt doch zeitlebens ein weltscheuer Mensch

Obwohl er mit aller Welt ganz gut umgehen kann

Wenngleich er zuletzt doch menschenfremd und menschenleer

In seiner Gegend herumsteht

In seiner Gegend

Das ist auf dem flachen Lande

Durch das ein kalter Rhein

Sein Bett geschlagen hat

Da steht er

Unbeweglich weil unbeholfen

Im Rücken die ewigen Feuer der Hochöfen

Vom anderen Ufer

Und vor sich die letzten schwarz-weissen Kühe

Verkrüppelte Weidenbäume und überall Grünspankirchturmspitzen

Ein wenig abwesend aber nicht wenig misstrauisch steht er da

Den fast schon niederländischen Kopf voller Erinnerung und Geschichten

Die alle keinen Anfang und kein Ende haben

Und wenn sie nicht im Sande verlaufen

Dann sitzen sie in seiner Seele

Unlösbar

Komische und bittere Geschichten,

Familienkriege und frühe Katastrophen

Aber auch Erfolgsfantasien und eine Frischhaltephilosophie

Sitzen in seinem Nacken dass er so schnell nicht aufgibt

Im Gegenteil

Obwohl er sich nichts vormacht

Gerade so viel dass es keiner merkt

Wenn ihn nicht das Fernweh so krank macht

Dass er anfängt zu gehen

Um bald schon wieder Heimweh zu bekommen

DENN WENN ER BEIM UMDREHEN SEINEN KIRCHTURM NICHT MEHR SIEHT

ZIEHTS IHN ZURÜCK IN SEINE KÜCHE

DIE FÜR IHN ANFANG UND ENDE DER WELT IST

NORD- UND SÜDPOL PARIS UND BROADWAY SAHARA UND ALASKA

ALLE ERDTEILE UND ABENTEUER VERSAMMELT ER IN SEINER KÜCHE UM SICH

UND ZWAR SO EMSIG BISWEILEN EKSTATISCH UND DAHER SO SPRUNGHAFT

GLEICHZEITIG

ER KANN AUS SEINEM SPÜLSTEIN MIT VIER SÄTZEN

AUF DIE TUNGUSISCHE STEPPE KOMMEN

ER ASSOZIIERT SO RIGOROS DASS MAN ZEITWEILIG DARAUS NICHT SCHLAU WIRD

UND IHN EINEN SPINNER NENNT

ABER ER BLEIBT TROTZ ALLER SEHNSUCHT SESSHAFT UND HÖFLICH

STEIGT WIEDER HERAB UND ERZÄHLT

VON ALLEN MÖGLICHEN UND UNMÖGLICHEN VERWANDTEN UND BEKANNTEN

WER GESTORBEN IST WER SICH HAT SCHEIDEN LASSEN

WER SCHULDEN HAT UND SEIN HAUS VERKAUFEN MUSS WER GELITTEN HAT

WER JETZT GANZ GROSS RAUSKOMMT UND WESSEN KIND VERSCHOLLEN IST

UND WIE ER GEGEN DIE VORURTEILE SEINER NACHBARN VORZUGEHEN GEDENKT

MIT LANGMUT NATÜRLICH UND MIT FREUNDLICHKEIT

DENN ER IST SICH SEINER NICHT GANZ SICHER ER IST AGGRESSIV GEHEMMT

GOTTSEIDANK IST ER LANGFRISTIG STRUKTURIERT DESHALB LÄCHELT ER SCHELMISCH

ZUMINDEST KANN ER DAS

SPITZBÜBISCH IST ER MANCHMAL GEHÄSSIG ABER MEIST OHNE ABSICHT

MEHR AUS SPASS

ER NIMMT VIEL ZURÜCK

„OBWOHL" SAGT ER OFT „OBWOHL" IST EIN BESONDERES WORT FÜR IHN

Ein strategisches Wort ein dialektischer Dreh

Um den Anderen nicht ganz zu verlieren

Denn er braucht schon ein paar Menschen

Doch es passt keiner so richtig zu ihm und Gesellschaft mag er nicht

In der Kneipe an der Theke schon aber nur für Stunden

Und die niederrheinische Gesellschaft ist ihm nach wie vor zu puritanisch

Zu kleinlich zu geistfeindlich zu dünkelhaft

Obzwar er sich für einen Preussen hält und für alte Tugenden schwärmt

Aber der Gesellschaft fehlt die Fantasie die niederrheinische Fantasie

Die auf dem flachen Nichts wächst und gedeiht

Die aus dem Nichts die Welt auf den Kopf stellt

Wenn auch nur in der Küche aber immerhin produktiv ist Musik ist

Spröde am Anfang

Aber plötzlich von Flandern bis nach Feuerland zu hören ist

Und doch nur in der Küche im Krankenhaus

Und auf dem Friedhof entstehen kann

Denn das sind für unseren Niederrheiner für meinen Niederrheiner

Die drei Planstellen die drei Existenzschlüssel

Die auch von noch so vielen Gesangsvereinen nicht wegzusingen sind

Denn mein Niederrheiner ist ein Verwandtschaftsfetischist

Er trauert den grossen Familien nach

Er weiss plötzlich von Familienfesten zu erzählen wo alle noch lebten

Sich liebten sich stritten sich nicht mehr anguckten

Jahrelang sich aus dem Weg gingen

Um dann auf dem Friedhof wieder von vorne anzufangen

Sich gegen den Kopf schlugen weil sie alles nicht begreifen konnten

Und so viel Zeit verloren hatten dass alles steht

In seinem Gesicht geschrieben im Gesicht meines Niederrheiners

Der immer Angst vor Grossstädten hat

Den es nicht wie viele Kohlenpottler nach Thailand oder Tunesien zieht

Der so sagt er „Zu Haus genuch Tunesien hat"

Den die Depressionen schütteln wie unbarmherziger Frost

Der sich davor hüten muss nicht gemütskrank zu werden

In seiner eigenen kleinen Welt dem Lande zwischen Kleve und Düsseldorf

Mönchen-Gladbach und Duisburg in dem die Preussen die Franzosen

Die Spanier die Holländer allzuhauf Leib und Seele zurückliessen

Ordnung und Zügellosigkeit Disziplin und Verwahrlosung

Kälte und Fantasie Strenge und Güte und das in einem Lande

In dem es kein wildes Gebirge keine romantischen Wälder

Keine warmen und sanften Flüsse gibt

Selbst der Rhein fliesst hier kühl und gelassen seiner Auflösung zu

Da sitzt er nun der Niederrheiner den Dickschädel voller Widersprüche

In den Augen viel Melancholie und Trauer

Im Nacken den berüchtigten verbrauchten Schelm weiss der Himmel

Er ist nich polyglott nicht mal einen Dialekt hat er

Er spricht eine Mentalitätssprache

Und manchmal will er von allem nichts wissen

Könnte aber alles erklären

Da steht er nun vor seinem Häuschen stoisch komisch

Und sagt vielleicht über den Gartenzaun zu seinem Nachbarn

Sie mögen mich ja vielleicht anders sehen ich seh mich so

Obwohl.... naja iss auch nich so wichtig.

"Überall ist Niederrhein!"

WINTER AM NIEDERRHEIN

SPÄTSOMMERLICHE STIMMUNG AM NIEDERRHEIN

DER HERBST HAT EINZUG GEHALTEN

FELDHASEN SIND EINZELGÄNGER. NUR IM FRÜHJAHR SIEHT MAN SIE OFT ZU MEHREREN

LINDENALLEE AM SCHLOSS HUETH

ALLES RUHT

SONNENAUFGANG AM NIEDERRHEIN

SCHWARZKOPFSCHAFE AUF DER WEIDE

28

Es lebe die Hetter!

Ich weiss nicht, ob ich ein guter Pate bin.

Ich bin auch kein Wissenschaftler, Biologe oder Ökologe.

Merkwürdig war aber, dass ich mich sofort mit dem Gedanken

anfreunden konnte, auf meine Art etwas für diese 2000 Jahre

alte bäuerliche Kulturlandschaft Hetter zu tun.

Nicht weil ich in der Nähe aufgewachsen bin und mein Herz

hier eh etwas schneller schlägt — Jeder weiss, dass ich mich seit

über dreissig Jahren mit dem Niederrhein „beschäftige",

Land und Leute liebe und der niederrheinischen Mentalitätssprache

auf Schritt und Tritt nachgehe.

Nein, hier geht es um eine andere Unterhaltung.

Hier geht es gleichsam um eine neue soziale Religion,

um eine Natur-Geschichte, in der wir ja alle täglich mitspielen:

Mensch und Tier, Wiese und Wald, Baum und Strauch,

Himmel und Erde.

Wenn wir weiterhin den Anspruch erheben wollen, Menschen von

Kultur zu sein, dann müssen wir uns umso mehr zusammentun,

um darüber nachzudenken, wo wir denn eigentlich herkommen

und wo wir hingehen.

Dann müssen wir unser Bewusstsein noch einmal fragen,

ob wir letztenendes ohne Natur — das heisst ohne Kultur —

weiterleben wollen.

Das ist die Frage.

Das ist das Gespräch, der Dialog, den wir führen müssen,

Wenn wir die Welt aus der Natur heraus neu beleben wollen,

salopp gesagt, aus dem Bauch heraus neu komponieren wollen –

Gerd Schulte spricht von „Pädagogischen Erlebnisräumen".

Mit Verlaub – Ich möchte fast von „Eros" sprechen.

Aus dem Erinnern die Zukunft wachsen, blühen und gedeihen lassen,

alles was atmet lieben.

Schützen heisst lieben, und lieben heisst sich sorgen.

Und sich sorgen heisst gebunden sein, sich eingebunden fühlen

in den grossen Plan der Naturgeschichte, der Menschengeschichte,

der Weltgeschichte – eingebunden in die für uns zunächst

unfassbaren Entwürfe der Schöpfung.

Wie gesagt, ich bin ein Laie.

Aber ich will mit dabei sein,

wenn man über diese Dinge

nachdenkt.

Dieses Fühlen, Denken und Tun

müssen wir üben – Alle zusammen

und auch jeder für sich.

Auf dass die Erde Heimat wird

für alle Welt.

Gesund bleiben

Sagen Sie mal

Sitzen Sie bequem wenn Sie so lesen

Ich mein dat Buch is ja nich billig

Aber et is ja fürn guten Zweck

Wir Künstler nehmen kein Geld dafür

Und Sie haaben dat Buch gekauft

Und so tun wir all wat für DIE HETTER

Die wunderschöne zweitausend Jahre alte

Bäuerliche Kulturlandschaft

Zwischen Emmerich und Rees

Direkt an der holländischen Grenze

Wie gesagt

Ich hoffe, dass Sie bequem sitzen

Denn man muss ja heut

Furchtbar aufpassen

Wegen den ganzen Bandscheibenkram

Und die ganzen Wirbelsäulengeschichten

Wo et in de Welt so ungemütlich is

Da muss man schon en bissken gemütlich sitzen

Sonst fragt man sich in zehn Jahren

Wo hab ich mir dat bloss wieder geholt

Ich trink ja auch kein Tee

Wegen meiner Galle

Ich weiss nich ob se dat mitgekriegt haben

Ich hatte doch vor en paar Jahren

Diese Riesen-Gallen-Kollik

Im Zug mitten zwischen Trier und Koblenz

Also Rheinland Pfalz Gallenkollik Oggersheim

Lässt sich ja denken

Und seit der Zeit nur noch Tee

Ich rauch ja auch nicht mehr

Dat sind jetzt schon acht Jahre her

Ich hab schlagartig aufgehört

Anders geht das gar nicht

So jeden Tag zwei drei weniger

Das hat keinen Sinn

Man muss schlagartig aufhören

Neulich hab ich ein Freund getroffen

Der hat mit Rotkohl essen auch schlagartig aufgehört

Anders hat das gar keinen Sinn

Sagt er

So jeden Tag zwei drei Löffel weniger

Dat bringt nix

Er wüsst schon gar nicht mehr wie Rotkohl schmeckt

Hat er gesagt

Und du weiss doch wie lang ich Rotkohl gegessen hab

Morgens vorm Frühstück schon drei Löffel

Aber er wär nicht militant geworden

Wenn er jetzt abends inne Kneipe ging

Und da sässen so dreissig bis vierzig Leut

UND DIE WÜRDEN ALLE ROTKOHL ESSEN

DAT WÜRDE IHM NIX AUSMACHEN

JA ICH SAG

MAN MUSS WAS TUN

VON NIX KOMMT NIX

HAT JA SCHON SHAKESPEARE GESAGT

NEIN DER HAT GESAGT

SEIN ODER NICHT SEIN

DAS IST HIER DIE FRAGE

VON NIX KOMMT NIX

DAS IST EBEN DIE DEUTSCHE ÜBERSETZUNG

ABER SONST KOMM ICH GANZ GUT ZURECHT

SO MIT ULTRASCHALL LÄSST SICH JA VIEL MACHEN HEUTZUTAGE

HAMSE AUCH SCHON ULTRASCHALL

NEE?

ABER FAX HAMSE DOCH SICHER

MANCHE HABEN JA SCHON ZWEI FAX

DAMIT SIE NICHT DAUERNT RAUF UND RUNTER RENNEN MÜSSEN

UND JETZT KOMMT ULTRASCHALL

DANN FAX ICH IHNEN MAL MEINE GALLENSTEINE RÜBER

DAMIT SIE AUCH GESUND BLEIBEN.

MIT WEM ICH ALL VERWANDT BIN

NEULICH HAB ICH SO GEDACHT
ICH MUSS EIGENTLICH EINE GROSSE FAMILIE HABEN
ODER GEHABT HABEN
OBWOHL SE ZUR ZEIT GAR NICHT SO GROSS IST
ABER ALLE FÜNF MINUTEN KOMMT JEMAND ZU MIR UND FRAGT MICH:
SAGEN SIE MAL, WAS ICH SIE IMMER SCHONMAL FRAGEN WOLLTE
MEIN MANN UCH ICH
ICH MEINE: KANN DAS MÖGLICH SEIN DASS IHRE SCHWESTER ZUSAMMEN
MIT DEM BRUDER MEINES MANNES IN EINER KLASSE DAMALS
AUF DE AUFBAUSCHUL WAR
NEIN, DAS KANN NICHT MÖGLICH SEIN
ICH HAB JA KEINE SCHWESTER
JA ABER IN UNSEREM BEKANNTENKREIS
DA WIRD STEIN UND BEIN GESCHWOREN
DA HEISSET IMMER:
DAS WAR DIE SCHWESTER VON DEM DIETER HÜSCH
DIE MIT UNSEREM FRIEDHELM DAMALS AUF DE AUFBAUSCHUL WAR
ABER ICH HAB GAR KEINE SCHWESTER
ICH BIN EIN EINZELKIND
JA ABER IHR VATER WAR DENTIST
NEIN MEIN VATER WAR VERWALTUNGSBEAMTER
JA WER HAT MIR DENN DAS GESAGT:
DAS IST BESTIMMT DER SOHN VON DEM DENTISTEN HÜSCH
BEI UNS AUS RUMELN

NEIN MEIN VATER WAR VERWALTUNGSBEAMTER AUS HOMBERG

UND MEIN GROSSVATER MÜTTERLICHERSEITS WAR GASTWIRT

JA NATÜRLICH DIE HATTEN DIE KLEINE WIRTSCHAFT IN HOCHHEIDE

AUF DER RÖMERSTRASSE

NEIN DIE WIRTSCHAFT WAR IN MOERS AUF DER VERDINGER STRASSE

DA STEHT SE ÜBRIGENS HEUTE NOCH

JA ABER IHRE SCHWESTER

ICH HABE WIRKLICH KEINE SCHWESTER

ABER DANN EINEN BRUDER

ICH HAB AUCH KEINEN BRUDER ICH BIN EIN EINZELKIND

JA WER HAT MIR DENN DAS GESAGT DASS IHR BRUDER SPÄTER

IN RUSSLAND GEFALLEN WÄRE

DER WAR DOCH VERLOBT MIT EINEM HÖFFKENS MÄDCHEN

AUS RHEINBERG ODER RHEINKAMP

ES TUT MIR SEHR LEID ABER ICH HABE KEINEN BRUDER

JA DANN MUSS DAS WOHL JA, DANN WEISS ICH ES AUCH NICHT

ABER IHRE MUTTER WAR HANDARBEITSLEHRERIN UND HIESS HEDWIG

STIMMTS?

NEIN, MEINE MUTTER WAR HAUSFRAU UND HIESS ADELE

UND IST 1935 GESTORBEN

ACH UND ICH HÄTTE JETZT GEGLAUBT DASS ICH IHRE MUTTER

NEULICH NOCH GESEHEN HABE

SIE WAR AUCH EIN EINZELKIND, NICHT?

NEIN ICH WAR EIN EINZELKIND

MEINE MUTTER HATTE ELF GESCHWISTER

SIND SIE VIELLEICHT DANN VERWANDT MIT DEM SÄNGER GERHARD HÜSCH

DESSEN SOHN KÖNNTE JETZT GUT IN IHREM ALTER SEIN

NEIN MEIN VATER WAR VERWALTUNGSBEAMTER UND HIESS HEINRICH

UND WIR DACHTEN IMMER

IHR VATER WÄRE DER DENTIST JOHANN HÜSCH GEWESEN

NEIN MEIN GROSSVATER VÄTERLICHERSEITS HIESS JOHANN

UND DER WAR DENTIST IN RUMELN, JETZT HAM WERS

NEIN DER WAR GELEGENHEITSFUHRMANN IN HOMBERG

UND HATTE DREI SÖHNE UND EINE TOCHTER

ACHSO DANN WAR DAS VIELLEICHT DIE SCHWESTER IHRES VATERS

DIE DAMALS MIT DEM FRIEDHELM

AUF DER AUFBAUSCHULE ZUSAMMEN WAR

SCHON MÖGLICH ABER UNWAHRSCHEINLICH WEGEN DES ALTERSUNTERSCHIEDES

ACHSO JA ABER IHRE MUTTER WAR EINE GEBORENE ACHTERBERG

SAGEN SIE

NEIN MEINE MUTTER WAR EINE GEBORENE SONNEN

ALSO ICH HÄTTE JETZT GESCHWOREN

ABER IHRE FRAU SCHWESTER IST 1935 GESTORBEN

NEIN ICH BIN EIN EINZELKIND

ACHJA RICHTIG

GLAUBEN SIE DAS ES ZWECK HAT

IHNEN MAL ZU SCHREIBEN

NEIN DAS GLAUBE ICH NICHT

Es lebe
die Hetter!

FRÜHJAHR IN DER „HETTER"

EIN TEIL DES NATURSCHUTZGEBIETES ,,HETTER"

Graureiher in der „Hetter"

DIE KOPFWEIDE BENÖTIGT EINEN WASSERREICHEN LEBENSRAUM

Das Sumpfvergissmeinicht blüht in den feuchten Wiesen

IN DER „HETTER"

NEBEN DER KOPFWEIDE IST AUCH DIE ESCHE ALS KOPFBAUM ANZUTREFFEN

TAGPFAUENAUGE

WEISSDORN

Morgens in der „Hetter"

Es lebe Ditz Atrops!

OSTERN

NEULICH HAT MIR JEMAND GESAGT
WAT MEINZE WIE SCHNELL WER
WIEDER WEIHNACHTEN HABEN
OBWOHL WER ERST
KURZ VOR OSTERN HATTEN
DAT WAR
SON NIEDERRHEINISCHER SPASSVOGEL
DEN KENNEN SIE AUCH
DER STEHT DOCH IMMER BEI
HEIN LINDEMANN ANNE THEK HERUM
DER IS HIER BEI DE SPARKASS
INNE BOTENMEISTEREI
STEHT ABER MEHR ANNE THEK HERUM
ALS DASS ER IN DER SPARKASSE IST
DITZ ATROPS HEISST DER
UND DER HAT GLEICH ZU MIR GESAGT
ALS ER MICH SAH
GEHSSE AUCH EIER SUCHEN
ICH SACH VIELLEICHT
WIE VIELLEICHT
AN OSTERN SUCHT MAN DOCH EIER
SACHT ER

DAS IST DOCH AN OSTERN
ERSTE BÜRGERPFLICHT
DIE AUFERSTEHUNG SACHT ER
DIE AUFERSTEHUNG
DER NEUANFANG SACHT ER
DESWEGEN BLEIB ICH JA AUCH
AN OSTERN ZU HAUS
JA ICH SACH WIR JA AUCH
WO SOLL MAN DEN AN OSTERN HIN
SOLL ICH DA VIELLEICHT NACH THAILAND
ODER MIAMI
DA GIBBET DOCH GAR KEINE OSTERHASEN
IN DEM SINN WIE BEI UNS
DA GIBT ET DOCH HÖCHSTENS KANINCHEN
HÖCHSTENS
ICH KENN MICH DA
IN DEM KULTURKREIS NICHT SO AUS
MUSSE AUCH NICHT
SACHT ER MUSSE AUCH NICHT
OSTERN IST EGAL WO DU BIST
OB ZU HAUS ODER IN DE WÜSTE GOBI
OSTERN IST DIE AUFERSTEHUNG SACHT ER
MENSCHENSKIND SACHT ER ICH HAB JA
JETZT SCHON EN BISSKEN VIEL GETRUNKEN
UND ICH KENNE DICH NICHT
SACHT ER ZU MIR

ABER ICH BIN AN OSTERN SACHT ER

IMMER ANGEHEITERT

ENTSCHULDIGE DU BRAUCHST DICH DOCH

NICHT ZU ENTSCHULDIGEN

DOCH SACHT ER DOCH

DU HÖRST MIR JA GAR NICHT ZU

DU VERSTEHST MICH GAR NICHT

DOCH ICH VERSTEH DICH

NEIN DU VERSTEHST MICH NICHT

SACHT ER DU MÜSSTEST MICH MAL

AN KARFREITAG SEHEN DA ZIEH ICH

EXTRA EINEN SCHWARZEN SCHLIPS AN

VERSTEHST DU

JA DAS VERSTEH ICH

WEIL ICH DANN EVANGELISCH BIN

UND AN OSTERN

BIN ICH IMMER ANGEHEITERT

WENN DU VERSTEHST WAS ICH MEINE

WEIL ICH DANN KATHOLISCH WERDE

DAS VERSTEH ICH NICHT

DAS HAB ICH MIR GEDACHT SACHT ER

WEIL DU MIR NICHT ZUHÖRST

DOCH ICH HÖRE DIR ZU

NEIN DU HÖRST ÜBERHAUPT NICHT ZU

UND VERSTEHST MICH AUCH GAR NICHT

ICH VERSTEH DICH SCHON

DU HAST DOCH GAR KEINE AHNUNG

SACHT ER JA SICHER SAGE ICH

JA NICHT JA SICHER

DU HAST KEINE AHNUNG

KARFREITAGS BIN ICH TRAURIG

WEIL ICH EVANGELISCH BIN

KLAR? KLAR GUT

UND AN OSTERN BIN ICH KATHOLISCH

WEIL ICH DANN ALLGEMEIN ANGEHEITERT

D. H. ALLUMFASSEND BIN

DU BIST DANN ALLUMFASSEND?

JA SACHT ER

AN OSTERN BIN ICH ALLUMFASSEND

ICH SACH DITZ

DAS IST DOCH HOCHINTERESSANT

DAS IST NICHT HOCHINTERESSANT

SACHT ER DAS IST EIN WUNDER

EIN WUNDER IST DAS

DAS IST DIE AUFERSTEHUNG

NEUANFANG FRÜHLINGSRAUSCHEN

SOMMERPAUSE HERBSTZEITLOSES

WINTERREISE ALLUMFASSEND

PROST! PASS MA SCHÖN AUF SACHT ER

BALD HAMWER SCHON WIEDER WEIHNACHTEN

DAT GEHT SCHNELL BEI JESUS

TACH ZUSAMMEN!

DITZ ATROPS UND MOZART

DIESER TAGE HAB ICH ÜBRIGENS
DITZ ATROPS WIEDER MAL GETROFFEN
WANN WAR DAS NOCHMAL
DAS MUSS VORIGEN MITTWOCH
ODER DONNERSTAG GEWESEN SEIN
NATÜRLICH WIEDER
BEI HEIN LINDEMANN ANNE THEK
WO DENN SONST
ABER ER WAR ZIEMLICH NÜCHTERN
ÜBERRASCHENDERWEISE
JA ALSO SAGT ER
ER WÄR JETZT LÄNGERE ZEIT
IN ITALIEN GEWESEN
WEGEN EINER BRONCHIALGESCHICHTE
UND ER KÖNNT AUCH NICHT MEHR SO
WIE ER GERN WOLLTE
WAT MACHST DU DENN HIER
OCH ICH SAG
ICH BIN GRAD MIT MOZART UNTERWEGS
UND SONST KANN ICH NICHT KLAGEN
DA BISSE JA FEIN RAUS SAGT ER
ABER SAG MAL WAS MICH
INTERESSIEREN WÜRDE SAGT ER
WIE IST DER DENN SO DER MOZART

JA ICH SAG WIE SOLL DE SCHON SEIN
DE IST DOCH TOT
JA SICHER SCHON SAGT ER
ABER TROTZDEM ICH MEIN
WIE WAR DER DENN FRÜHER SO
ICH HAB DOCH DEM SEIN BRUDER
GUT GEKANNT DER WAR DOCH SCHUSTER
IN VIERSEN FÜR DIE KLINIK IN SÜCHTELN
ORTHOPÄDIE
ABER DOCH NICHT DE MOZART
DOCH SICHER SAGT ER DER BRUDER WAR
SISSTE SAGT ER
DAT WEISST DU NUN WIEDER NICHT
UND NE SCHWESTER
HAT ER AUCH NOCH GEHABT
SUSANNE ODER ANNEMARIE
DAT WAR EN FEGER SAG ICH DIR
DIE SCHWESTER
ICH SAG DITZ KOMM JETZT
DU MEINST NEN GANZ ANDEREN
NIX
DER HAT DOCH DIE GANZE MUSIK GEMACHT
DIE GANZEN OPERNSTÜCKE
WIE HEISSEN SE ALL
DIE ZAUBERHOCHZEIT WAS IHR WOLLT
UND COSI FAN TUTTI FRUTTI

ICH WEISS DAS DOCH ALLES

ICH WAR DOCH NICHT UMSONST

IN ITALIEN

NATÜRLICH WEISS ICH NICHT MEHR

ALLES IM EINZELNEN SO GENAU

ABER WOLLN MAL SAGEN

DER MOZART DER HAT JA NIX GEHABT

VOM LEBEN UNTER UNS GESAGT

DER IST JA NICHT MAL 36 GEWORDEN

WAHRSCHEINLICH KREBS

NIEREN UNDSOWEITER

DA KANNZE NOCH SO

WELTBERÜHMT SEIN

DA KOMMSE NICHT DRUMRUM

UND ICH HAB AUCH NEULICH

ZU UNSERM ERWIN GESAGT

WERD MIR NUR NICHT WELTBERÜHMT

DANN HASSE NIX VOM LEBEN

VAN GOGH DOCH AUCH DE MALER

MOZART GANZ GENAU SO

NOCH VIEL SCHLIMMER

DEN HAM SE DOCH ÜBERT OHR GEHAUEN

WO DE GING UND STAND

SICHER DIE MUSIK KLAR NE

ABER VIELLEICHT GEHT DAS JA

NICHT ANDERS BEI SO KÜNSTLERN

ICH BIN FROH

DASS ICH KEIN KÜNSTLER BIN SAGT ER

WER SONE MUSIK SCHREIBT

WIE DE MOZART SAGT ER

DER IST VERLOREN

FÜR SO SAGEN WER MAL

SO WIE WIR LEBEN

VÖLLIG AUSSICHTSLOS SAGT ER

VÖLLIG

DITZ ATROPS

UND DANN GING ER GANZ PLÖTZLICH

FAST RUCKARTIG

DREHTE SICH ABER ANNE TÜR

NOCH EINMAL UM UND SAGTE

BESTELL MAL EN SCHÖNEN GRUSS VON MIR

ICH MEIN ER WIRD SICH SICHER AN MICH

NICHT MEHR ERINNERN

ABER SAGSSE MAL

ICH HÄTT SEIN SCHWESTER GUT GEKANNT

VIELLEICHT KOMMT ER DANN DRAUF

SONZ SAGSSE EINFACH

UNBEKANNTERWEISE

UND GRUSS VOM NIEDERRHEIN

VON WO JA SCHON SHAKESPEARE

BEINAH NICHT MEHR

NACH HAUSE GEKOMMEN SEIN SOLL.

DITZ ATROPS

VON DEM DITZ ATROPS
HAT JA INZWISCHEN AUCH
KEIN MENSCH MEHR WAT GEHÖRT
ALSO ICH MÜSST MICH SCHWER TÄUSCHEN
OBWOHL DE JA JAHRELANG
GESCHICHTE STUDIERT HAT
TAGAUS TAGEIN
HOCHINTELLIGENTE FAMILIE
ABER EWIG BESOFFEN
DE HÄTTE JA ALLES WERDEN KÖNNEN
ABER
IS NIX DRAUS GEWORDEN
OBWOHL DE WIE GESACHT
JAHRELANG STUDIERT HAT
GESCHICHTE UND ALLES MÖGLICHE
DE HÄTT SOGAR PAPST WERDEN KÖNNEN
JA SICHER
WARUM DENN NICH
DE WAR DOCH
ALS KIND SCHON MESSDIENER
WIRD JA GLAUB ICH ANGERECHNET
ALLES LATEINISCH
ABER EWIG BESOFFEN
NICH ALS MESSDIENER

SPÄTER NATÜRLICH
DE WAR WIE SOLL ICH SAGEN
DE WAR ZU INTELLIGENT
DAS HAT MAN JA SCHON MAL
DAS EINER ZU INTELLIGENT IS
UN DANN SACHT MAN JA AUCH
GENIE UN WAHNSINN
ENNE VERRÜCKTE JUNG
ENNE VERDREIDIGE JUNG
SO HIESS DE AUCH IMMER
DE VERRÜCKTE ATROPS
DE KONNZE FRAGEN WATTE WOLLZ
WIE AUS DER PISTOLE GESCHOSSEN
DASS ZUM BEISPIEL
WALTHER RATHENAUS MUTTER
DEM MÖRDER IHRES SOHNES VERZIEHEN HAT
HERR VERGIB IHNEN
DENN SIE WISSEN NICHT WAS SIE TUN
DAT WUSSTE DE SCHON MIT NEUN JAHREN
DA HATTEN WIR KEINE AHNUNG VON
DE WUSSTE DAT
DITZ ATROPS DE WUSSTE ALLES
ALLES DIE GANZEN GESCHICHTEN
VON GENOVEFA UN GRAF GOLO
UN DIE SCHÖNE MAGELONE
DIE MIT DEM FISCHLEIB

NE DAT WAR JA DIE SCHÖNE MELUSINE

DIE BEIDEN

SCHMEISS ICH IMMER DURCHEINANDER

ABER IS NIX DRAUS GEWORDEN

SCHAD SACH ICH IMMER

EIGENTLICH SCHAD

ABER SO ISSET NUN MAL IM LEBEN

DE WOLLTE JA SCHON ALS JUNG

NACH RUSSLAND ANT THEATER

DAMALS SCHON PROLETKULTBÜHNE

HAT ER IMMER GESACHT

DAT GAB ET JA DAMALS WIRKLICH

WIR WUSSTEN JA NICH WAT DAT WAR

ABER DE WUSSTE DAT

DE KANNTE ALL DIE REGISSEURE

AUSWENDIG ALSO NICH PERSÖNLICH

SONDERN AUSWENDIG

MEYERHOLD UND MARIENHOF

UN TAIROFF UN WIE SE ALL HIESSEN

UN DE SASS AUCH SCHON ALS JUNG

IMMER MIT DEM ALTEN BRÖKELSCHEN

ZUSAMMEN

DAT WAR BEI UNS SON ORIGINAL

UN LAS ENGLISCHE ZEITUNGEN

HEIMLICH WAR JA VERBOTEN DAMALS

KÖNNE SE SICH JA DENKEN

UN SPÄTER WOLLTE GLAUB ICH SOGAR

NACH SÜDAMERIKA ALS KLAVIERSPIELER

DIREKT AM AMAZONAS

UN DAT KLAVIER SOLLTE DIREKT

AM AMAZONAS STEHN

ZWEI DREI METER NUR VOM UFER WEG

GRAD SO WEIT DAT DIE PINRANHAS

NICH DRANKOMMEN

HATTE ER IMMER GESACHT

DE WOLLTE SOGAR NE OPER KOMPONIEREN

DE WEISSE INDIANER ODER SO ÄHNLICH

ALLES QUATSCH NATÜRLICH

ABER HOCHINTELLIGENT

DIE MUTTER WAR JA NE GEBORENE

BERENS VON BERENS HOF AUS RAYEN

SECHS KINDER DER DITZ WAR DE JÜNGSTE

UND DE SCHWÄCHSTE LOGISCH

ABER WIE GESACHT DE BEGABTESTE

DE VATTER WAR JA SCHON LANG TOT

ZUNGENKREBS SACHT MAN

ABER ET WIRD JA VIEL GESACHT

AM NIEDERRHEIN

SAGENSE DE GANZEN TACH WAT

VON MORGENS BIS ABENDS OBWOHL

NIX DABEI RAUSSPRINGT OBWOHL

WIE GESACHT NIX DABEI RAUSSPRINGT

Un mit Südamerika
Dat is dann auch nix geworden
Un Russland dat war ihm dann
Doch wohl en bissken zu weit
Sein Mutter zuliebe
Er ist dann bei son
Sparkassenzweigstell in Sonsbeck
Inne Botenmeisterei gegangen
Sein Mutter zuliebe
Aber ewig besoffen
Deswegen wahrscheinlich
Ich weisset nich
Et geht mich eigentlich auch nix an
Aber jeden Abend
Den Gott werden ließ 6 Uhr
Wer stand bei Lindemanns anne Thek
Ditz Atrops
Konnze de Uhr nach stellen
Konnze de Uhr nach stellen
Kerzengrade stand de da
Aber sturzbesoffen
Un hochintelligent
In der einen Hand dat Bier
Un in de andren de Schnaps
Un dann sang er immer
Wenn er mich sah sang er immer:

„Erst wenn man deinen Leib entdeckt
In dem Winter übers Jahr"
Ich sach Ditz
Wo has du dat bloss all her
Weiss ich nich
De hätt im Bundestach
Auftreten können
Ja sicher
Da treten ja inzwischen alle auf
Un wenn Hein Lindemann de Wirt
sachte Ditz nich so laut
Dann machte de
Ne ganze tiefe Verbeugung
Un sachte
Sire lecken Sie mich am Arsch
So war de
Genau so
De setzte sich an keinen Tisch
Nix immer nur an de Thek
Un wenn einer
Von de Anstreicher-Innung reinkam
Dann rief er sofort
Die Kathedrale von Reims muss auch
Mal wieder gestrichen werden
Un wenn sein Freund
Gerwin Holtmann reinkam

DANN SACHTE IMMER

WIR SOLLTEN MAL WIEDER

EULEN NACH ORSOY TRAGEN

ABER WIE GESAGT

KERZENGRADE

DITZ ATROPS

TJA

UN EINES TAGES WAR ER WECH

SPURLOS VERSCHWUNDEN

WIE MAN SO SACHT

KEIN ZETTEL

NIX

BRUCKSCHENS KATRIN MEINT JA

ER HÄTT SICH ERSCHOSSEN

NEE HAB ICH GESACHT NIEMALS

DITZ ATROPS ERSCHOSSEN

BIS JA GECK

NIEMALS

DOCH ER HÄTT SICH

IN BRÜSSEL ERSCHOSSEN

BIS JA VERRÜCKT

IN BRÜSSEL ERSCHOSSEN

DITZ ATROPS

UN ERNST MECHMANN

DER KONDITOR

ICH WEISS NICH

OB SE DEN KENNEN

DER MACHT FEINSTES NIEDERRHEINISCHES

SCHWARZBROT

GANZ DÜNN GESCHNITTEN

WUNDERBAR

DER MEINT JA

ER WÄR IN EN KLOSTER GEGANGEN

VIELLEICHT BEI DE FRANZISKANER

ODER SO

ALSO ICH WEISS ET JA NICH

ICH SEHE DEN JA IRGENDWO

ANNE THEK STEHN

IN KANADA

ODER VIELLEICHT SOGAR

IN HONGKONG

DE ARME JUNG

UND DA SINGT ER DANN

WAHRSCHEINLICH:

„ERST WENN MAN UNSEREN LEIB ENTDECKT

IN DEM WINTER ÜBERS JAHR

ES IST IN IHM VIEL LEID VERSTECKT

UND TRÄUME WUNDERBAR

DANN LEBT IN UNSEREM ANGESICHT

DIE SEELE SONDERBAR

ERST WENN MAN UNSEREN LEIB ENTDECKT

WIRD ALLES STERNENKLAR."

Die Uferschnepfe wurde das Charaktertier der „Hetter".

Hier befindet sich das grösste Vorkommen Nordrhein-Westfalens

DIE GOLDAMMER BEVORZUGT HECKEN UND SONNIGE WALDRÄNDER

LANDENDE BRANDGANS

IN DEN HOHLRÄUMEN DER ALTEN KOPFWEIDEN FINDEN TIERE UNTERSCHLUPF

Der Steinkauz ist ein Charaktervogel des Niederrheins

Am Niederrhein lebt das grösste Vorkommen der bedrohten Steinkäuze in Deutschland

EINE RADNETZSPINNE IM ALTWEIBERSOMMER

SCHAFSTELZE — EIN TYPISCHER FEUCHTWIESENVOGEL

ROTKEHLCHEN

KOPFWEIDE UND KOPFESCHE

Überschwemmung in der „Hetter".

Das Wasser bildet eine ideale Lebensgrundlage für viele bedrohte Tiere und Pflanzen

Der Austernfischer, ein Vogel der Küste, gehört zu den auffälligsten Vogelarten in der „Hetter"

Es lebe die Uferschnepfe!

Gesang der Uferschnepfe

Notiert bei einem Spaziergang in der Hetter

Ich geh so neulich für mich hin
Die Hetter näher anzusehn
Ich hatte gar kein Ziel im Sinn
Nur einfach weil der Tag sehr schön
Da hör ich als ich grad so lief
Aus einer Vogelseele tief
Ganz a capella eine Melodei
Und Worte waren auch dabei:

Am Niederrhein am Niederrhein
Da sind wir Schnepfen gross und klein
Am liebsten auf der ganzen Welt
Weil man uns hier am Leben hält
Die Wiesen und die Weiden
Die mögen wir gut leiden
Besonders wenn sie wasserreich
Dann finden wir den Wurm sogleich
Und laben uns die Hucke voll
Die Hetter die ist toll
Die Hetter die ist toll

Ich steh auf einem halben Pfahl

Bin gertenschlank und spindelschmal

Mit meinen langen Beinen

Der Schnabel ist genau so lang

Damit mach ich die Würmer bang

Und lass die Sonne scheinen

Im Winter bin ich zwar nicht da

Da bin ich meist in Afrika

Weil ich hier sonst erfriere

Doch kommt der erste Frühlingsstrahl

Dann steh ich wieder auf dem Pfahl

Und jubi jubiliere

Und setze Kinder in die Welt

Weil das uns Schneppen sehr gefällt

Und zieh mit ihnen durch das Gras

Rostrot ist mein Gefieder

Und fröhlich meine Lieder:

Die Hetter Die macht Spass

Die Hetter Die macht Spass

Am Niederrhein am Niederrhein

Da sind wir Schneppen gross und klein

Am liebsten auf der ganzen Welt

Weil man uns hier am Leben hält

Die Wiesen und die Weiden

Die mögen wir gut leiden

Besonders wenn sie wasserreich

Dann finden wir den Wurm sogleich

Und laben uns die Hucke voll

Die Hetter Die ist toll

Die Hetter Die ist toll!

Niederrheinische Elegie

Wir Niederrheiner sind ja im Grossen und Ganzen einigermassen

Zufriedene Menschen

Sagen wer mal einigermassen ausgeglichen

Un wenn wer schon mal klagen

Na gut dann klagen wer meistens über andere

Nein ich mein jetzt nich über andere herziehen

Dat gibbet auch

Nein wir erzählen dann meistens von den Leiden der Anderen

Da können wir dann ganz elegisch werden

Also getragen

Dat kommt aussem Griechischen Elegie

Wenn einer stirbt sagen se ja auch immer dann im Radio

In Abänderung unseres Programms bringen wir nun

Aus besagtem Anlass elegische Weisen also getragene Musik

Früher jedenfalls

Heute bringen se ja nur noch Schlagzeug

Morgens um sechs geht dat schon los

Schlagzeug rums rums rums

Un wenn jemand stirbt auch noch

Also Live Schlagzeug rums rums rums

Nix mehr mit Elegie

Aber wir Niederrheiner haben ja gottseidank noch de Sinn dafür

Un zwar

Weil wir ja ziemlich schwermütig sind

Ne wirklich

Die meisten Niederrheiner sind schwermütig

Dat kommt vonne Landschaft

Von dem flachen Gebiet

Vonne Aussichtslosigkeit sag ich immer

Du siehst nämlich alles un nix

Und du kannz am Niederrhein bis ant Ende der Welt gucken

Un dat macht schwermütig

Ganz sicher

Un deshalb erzählen die auch immer un überall von den Leiden

Un dann stehen se meist so zu zweit oder zu dritt oder zu viert

So zusammen

Manchmal ganz eng so zusammen

Wie so Schafe

Wenn se Angst haben

Oder frieren

Un zwischendurch

gucken se sich manchmal so um

Brigittenheiligenhäuschen

UN DANN ERZÄHLEN SE WIEDER WEITER:

ICH KENN EINEN

SAGT DE EINE

DE KANN UNGELOGEN

NUR NOCH STEHEN UND LIEGEN

NICHT SITZEN

WENN DE SITZT DANN SCHREIT DE WIE VON DER TARANTEL GESTOCHEN

WIE AM SPIESS WENN DE SITZT

UN MANCHMAL MUSS MAN JA AUCH MAL SITZEN NE

FURCHTBAR

Ich kenn einen

Sagt dann de andere

Da isset fast umgekehrt

De kann also liegen un sitzen aber nich stehen

Is auch schlimm ne

Dat is fast noch schlimmer

Wenn de steht is de kein Mensch mehr

Da meinze wirklich dat is nich mehr derselbe Mensch

Den hamse ja von hü nach hot geschickt: nix

Aber das Leben is ungerecht ne

Is nich so is doch so

Ich kenn einen

Sagt dann der Dritte

Der liegt nur noch

Der kann zwar sitzen un stehen

Aber de will nich mehr

De will nich mehr

Ich sag Hein warum denn nich

Keine Antwort

Aber wenn de sitzt und steht

Dann hört der nix mehr

Dat is seelisch bedingt

Ich kenn ja einen

Sagt dann de vierte

Der kann weder sitzen noch stehen

Geschweige denn liegen

Den müssen se tragen

Un dat jetzt schon seit acht Jahren wie aus heiterem Himmel

Die Familie ist wie gerädert

Die sind alle nur noch en Strich

Die wechseln sich ja immer ab aber

Et Leben geht weiter

Ich sag ja

So stehen wir Niederrheiner zusammen

Wie die Schafe und tauschen unsere Lebensnachrichten aus

Solange bis dann einer sagt

Ja da womma na Haus gehn ne

MA GUCKEN OB DA NOCH ALLES STIMMT

MANCHMAL ISSET JA DA NOCH SCHLIMMER

DENN DIE OMA KANN NUR NOCH STEHEN

WENN DIE LIEGT ODER SITZT SCHLÄFT DIE SOFORT EIN

UND ZWAR FÜR IMMER

ABER WENN DIE STEHT SAG ICH DIR

DA KANN DIE IMMER NOCH NEN DEUWEL SEIN

HAT JA AUCH NOCH ALLE ZÄHN VIERUNDNEUNZIG

HAT NOCH ALLE ZÄHN

WENN DIE STEHT

UN STEHT UN STEHT UN STEHT

UN STEHT DIE GANZE NACHT DURCH INNE TÜR

UN WARTET BIS ALL IHRE LIEBEN ZU HAUS SIND

DAT IS DIE NIEDERRHEINISCHE ELEGIE

N'ABEND ZUSAMMEN.

WENN DIE WILDGÄNSE KOMMEN ...

FÜR ÜBER 100.000 WILDGÄNSE AUS SIBIRIEN UND SKANDINAVIEN
IST DIE „HETTER" EIN IDEALES ÜBERWINTERUNGSGEBIET

WILDGÄNSE IN DER „HETTER"

BLÄSSGÄNSE

Weisswangengänse

BLÄSSGÄNSE FLIEGEN ÜBER DIE ÜBERSCHWEMMTE „HETTER"

DIE WILDGÄNSE SIND UNTERWEGS ZU IHREN SCHLAFPLÄTZEN

SONNENUNTERGANG IN DER „HETTER"

Ein Feldhase in seiner Sasse

Beides typisch für den Niederrhein – Pappelallee im Nebel

Winter in der „Hetter"

NEBEL UND KÄLTE ERGEBEN RAUHREIF

100

Niederrhein ist überall!

Ditz Atrops Heimkehr

Ich hab ja damals schon immer gesagt
Der kommt wieder
Alle vom Niederrhein
Kommen eines Tages wieder
Den müssten Sie mir erst noch nennen
Der nicht wiedergekommen ist
Also
Ich geh vor ein paar Tagen
Rasch nochmal ein Bier trinken
Bei Hein Lindemann anne Thek
Is ja bei uns gleich um de Eck
Da sacht de zu mir
Weisse wer bis eben hier war
Nee sach ich
Ditz Atrops
Nee sach ich
Doch sacht er
Von heut morgen um elf
Bis jetzt eben
23 Biere un 9 Malteser
Un jetzt ham wer halb sieben
Da bisse platt wat

Ja ich sach
Hasse nich mal gefragt
Warum er sich in Brüssel
Nich erschossen hat
Nee sacht er
Un ausserdem war ja noch
De Johannes Kleinheisterkamp dabei
Un wenn ich wat gefracht hab
Hat de Ditz gleich gerufen:
Sire
Geben Sie Getränkefreiheit!
Ja ich sach
Un Johannes Kleinheisterkamp
Der hat überhaupt nix gesacht
Sacht Hein Lindemann
Der hat nur rezitiert:
Ich aber will dem Kaukasus zu
Denn sagen hört ich
Noch heut in den Lüften:
Frei sein
Wie Schwalben die Dichter
Hölderlin
De Johannes Kleinheisterkamp
Entschuldigen Sie

Ich weiss nich ob se den kennen

De war ja schon seit ewig

Mit dem Ditz Atrops befreundet

Die zwei waren ja immer zusammen

Im Stenografiekursus

Und im Rezitationskursus

Aber als de Ditz eines Tages

Verschwunden war

Da war de Johannes

Wie umgewandelt

Da sprach de kein Wort mehr

Der Vatter war ja Steiger

Bei Rheinpreussen

Schacht fünf

Un de Johannes

Sollte auch Bergbau studieren

Clausthal-Zellerfeld

Aber dann hate mal

Sone Trinkhalle gehabt

Un dann ne Zeitlang

Son kleinen Lebensmittelladen

Da fuhr er immer mit son Pferd erum

Un dann

War er wieder mal auf de Zeche

Aber die meiste Zeit

Sass de im Park auf de Bank

Un hat

Wenn er überhaupt wat sachte

Meistens immer nur

Mit sich selbst geredet

Un als de Ditz weg war wie gesacht

Eines Tages da war et ganz aus

Da zog de nachts

Mit ner weissen Fahne rum

An nem Besenstiel hat er sich

Son weisses Tuch geknotet

Da zog de also mit rum

Un klingelte überall

Nachts um halb drei

Un wenn jemand aufmachte

Dann sachte er je nachdem

Madame oder Monsieur

Entschuldigen Sie

Die verspätete Verstörung

Haben Euer Gnaden vielleicht

Meinen Freund Ditz Atrops gesehen

Die meisten Türen wurden dann

Ja gleich wieder zugeknallt

Aber manche haben ihm

Auch ein Trinkgeld gegeben

Dann hatte immer gesacht

Vielen Dank für Speis und Trank

GNÄDIGE FRAU WIR SEHEN UNS WIEDER

AUF DER RASENBANK

JA NUN

WAT WILLZE MACHEN

DAT WAR WIE BEI HEINRICH VON KLEIST

OBWOHL DER JA AM SCHLUSS

DA SOLL DE JA GAR NICH MEHR

SO GEWESEN SEIN DE HEINRICH

DA WAR DE JA GANZ FIDEL

HÖLDERLIN JA AUCH

OBWOHL DE NICH MAL

AM NIEDERRHEIN GELEBT HAT

DE HAT JA DA UNTEN

IN SONEM TURM GEHAUST

NICH DASS DE JOHANNES

ETWA BETRUNKEN WAR

WIE DITZ ATROPS

DE JOHANNES

WAR IMMER STOCKNÜCHTERN

DAS WAR DAS GEMÜT

DE LEBT JA HEUTE NOCH

IN UMNACHTUNG

IN GEISTLICHER UMNACHTUNG NATÜRLICH

GEISTLICHE UMNACHTUNG SAGT MAN JA

DENN ER WOLLTE JA

EIGENTLICH AUCH PRIESTER WERDEN

ABER DAT WÄR JA SOWIESO SCHIEFGEGANGEN

BERGBAU UN DANN PRIESTER

DAT GEHT JA NICH

UMGEKEHRT AUCH NICH

OBWOHL MANCHMAL

HAT MAN DAS JA SCHON MAL

PRIESTER UN DANN BERGBAU

ALSO DE JOHANNES

FÜR MICH IS DAS JA EIN GROSSER MANN

DE HÄLT ALLE FREI

ICH WEISS AUCH NICH

WOVON DE DAT GELD HAT

MAN SACHT JA

ER LEBT VON SEIN SCHWESTER

DIE HAT JA

SON KLEINEN KURZWARENLADEN

ABER WIE GESACHT

DE HÄLT ALLE FREI

DIE KINDER WENN DIE KOMMEN

SOFORT IMMER BONBONS

ODER EN STÜCK SCHOKOLAD

IS JA NICH GUT FÜR DIE ZÄHN

ABER WENN DE VIEL GELD HÄTTE

SACH ICH IMMER

DANN WÜRD DE

DIE GANZE WELT FREIHALTEN

Un auch ganz wildfremde Menschen
Einfach so
Ein Blümchen oder ein Buch
Darf ich Ihnen
Das auf meine Kosten überreichen
Sacht er dann immer
Es könnte ein Leben retten
Wie ja manchmal so
Auf Telefonzellen steht
Auf meine Kosten
Johannes Kleinheisterkamp
De geht auch manchmal
In die Telefonzelle rein un ruft
Ganz wildfremde Menschen an
Ich wünsche Ihnen
Einen schönen Mittwoch Herr Doktor
Un dann hängte wieder ein
Im Grunde hat er et ja eigentlich gut
Denn er lebt ja ganz
In seiner eigenen Welt
Aber am ersten Weihnachtstag
Also um Mitternacht
Es vergeht keine Christmette
Wo de Johannes
Nicht in der ersten Reihe sitzt
Un mitsingt ohne Gesangbuch

Un wenn de Pastor wat sacht
Hebt er oft den rechten Arm
Un ruft mitten in die Kirche hinein
Der Herr hats gegeben
Der Herr hats genommen
Er is ja heut nich mehr so rüstig
Aber im Sommer
Sein Lieblingstier is ja de Schwan
Dat kann man schwer erklären
Da gibbet ja mehrere Arten
Den Singschwan
Den Trompeterschwan
Un de Trauerschwan
De Singschwan
Dat is de den man immer so sieht
Also weiss
Mit dem schwarzen Schnabel
Un an dem Schnabel
Is noch sowat gelbes dran
Un de Trompeterschwan
De is ja fast ausgerottet
De kommt ja nur in Nordamerika vor
Auch weiss Schnabel schwarz
Aber de Trauerschwan
De is ganz schwarz
Hat nur weisse Händ

Un hat einen roten Schnabel
Mit einer weissen Binde
Un lebt in Australien und in Luzern
Dat is doch interessant oder nich
Un die hält de auch alle frei
Die Schwäne mit Zwieback
Un die Schwäne
Die kennen den Johannes auch all
Un de ruft die auch all bei Namen
August Theo Berta Wilhelm
Margarethe Heinrich
Maria Gottlieb Friedrich Christian
Un dann kommen die alle ant Ufer
Die Schwäne aus der ganzen Welt
Nun ist ja jetzt
Vor ein paar Wochen
Sein Schwester gestorben
Die mit dem Kurzwarenladen
Un danach sass er dann immer
Mit ner schwarzen Fahne
In Café Bongert erum jeden Tach
Un sie machen sich
Keinen Begriff davon die Leut
Die all in dem Café verkehren
Sind ja meist bessere Leut
Bevor die rausgegangen sind

Sind die all an seinen Tisch
Und haben ihm was hingelegt
En Groschen
Oder auch schon mal 50 Pfennig
Ich hab da drei Mark hingetragen
Un dann hatte
Nur Dankeschön gesacht
Also immer die schwarze Fahne
In der Hand
Un zum Fenster rausgeguckt
Als wenn er sich geschämt hätte
Da hat einem richtig das Herz geblutet
Son grosser Mann hab ich gedacht
Un immer von allen Geistern verlassen
Da kann man schon
Et arme Dier bei kriegen
Warum hab ich ihnen dat jetzt
alles erzählt
Achso ja wegen dem Ditz Atrops
23 Biere un 9 Malteser
Ich sach zu Hein Lindemann
Sach mal
Wo war der denn nun die ganze Zeit
Ja sacht Hein Lindemann
Er behauptet er wär in Stockholm
Anne Oper gewesen

ERST ALS PROGRAMMVERKÄUFER
UN DANN ALS BARITON IM CHOR
ABER DE KANN DOCH GAR KEIN SCHWEDISCH
JA ER HÄTTE ALS EINZIGER
AUF DEUTSCH SINGEN DÜRFEN
UN IN DER PAUSE PROGRAMME VERKAUFT
ER HÄTTE VON MORGENS BIS ABENDS
GESUNGEN
DE DITZ KANN DOCH GAR NICHT SINGEN
JA ER HÄTTE DIE OPPER GESPROCHEN
ER HÄTTE ALS EINZIGER
DIE OPER SPRECHEN DÜRFEN
WAT WAR DENN DAT FÜR NE OPER
DAT WEISS ICH AUCH NICH
SACHT HEIN LINDEMANN
ER HAT HIER NUR IMMER ZU
JOHANNES KLEINHEISTERKAMP GESACHT:
BIN ICH EIN HURENSOHN
EIN SCHNAPPSACK ODER EIN SOLDAT
DER RUHMREICHEN ARMEE
NOCH HABEN WIR ZU FRESSEN
ICH DER GAUL UND DER HERR
GLORIA IN EXCELSIS DEO!
ALSO WAT DAT FÜR NE OPER SEIN SOLL
SACHT HEIN LINDEMANN
WEISS ICH AUCH NICH

ALSO DANN WAR ER GAR NICH IN BRÜSSEL
ODER BEI DE FRANZISKANER
ACH WAT
SACHT HEIN LINDEMANN
IN WIRKLICHKEIT WAR ER
DOCH DIE GANZE ZEIT IN DINSLAKEN
BEI SEIN SCHWÄGERIN
INNE VOLLREINIGUNG
UN HAT DIE WÄSCHE AUSGEFAHREN
ABER ER STREITET DAS AB
ER BEHAUPTET ER WÄR IN STOCKHOLM
ANNE OPER GEWESEN UN SPÄTER
WÄR ER NOCH NACH ISLAND GEFAHREN
DAT WÄR JA EN KATZENSPRUNG
UN DA HÄTTE ABENDS IMMER
AM UFER GESTANDEN UN GESUNGEN:
JAJA DER CHIANTIWEIN
WER WIRD DER NÄCHSTE SEIN
FISCHKONZERT
HAT ER IMMER WIEDER GESAGT
FISCHKONZERT
JA UN WOVON HAT ER IN ISLAND GELEBT
JA ER HÄTTE IN ISLAND
NOCH DIE PROGRAMME VERKAUFT
DIE ER VONNE OPER IN STOCKHOLM
ÜBRIG GEHABT HÄTTE

ALLES ERSTUNKEN UN ERLOGEN
NATÜRLICH
UN DANN WÄR ER EINES NACHTS
INT MEER GEFALLEN UN ERS
IN DINSLAKEN WIEDER AUFGEWACHT
UN DA HÄTT SEINE TANTE
ZU SEIN SCHWÄGERIN ALS ERSTES GESACHT
MACH DE JUNG MA EN BUTTERBROT
DE SIEHT JA FURCHTBAR AUS
UN DANN HÄTTE NOCH EN BISSKEN DIE
WÄSCH AUSGEFAHREN
UN DANN ERST
WÄR ER NACH HAUS GEKOMMEN
NACH 6 JAHREN UN 23 TAGEN
DITZ ATROPS
JA UN JETZT
WEISS ICH AUCH NICH
SACHT HEIN LINDEMANN
ER HATT GESACHT
VIELLEICHT GEH ICH ALS AUSHILFE
WIEDER INNE BOTENMEISTEREI
BEI DE SPARKASS IN SONSBECK
ODER NACH KREFELD ANNE OPER
DA WÄR JETZT EN FREUND VON IHM
GENERALINTENDANT
PLEMPLEM NATÜRLICH

ABER IN DEM AUGENBLICK
SACHT HEIN LINDEMANN
WÄR DE DITZ PLÖTZLICH AUFGESPRUNGEN
ALS WÄR ÜBERHAUPT NIX GEWESEN
ALS WÄR ALLES SO WIE FRÜHER
UN DITZ ATROPS
WÄR AUF DEN TISCH GESPRUNGEN
HÄTTE WIE FRÜHER
KERZENGRADE ABER STURZBESOFFEN
IN DER LUFT GESTANDEN
UND GERUFEN:
WENN ICH MIR EINE KUGEL
DURCH DEN BAUCHNABEL SCHIESSE
ZITTERN IN KAPSTADT
DIE ANTENNENDRÄHTE
DA WUSSTEN WIR WENIGSTENS
SACHT HEIN LINDEMANN
DAT ALLES WIEDER IN ORDNUNG WAR.

Nordrhein-Westfalen-Stiftung
Naturschutz, Heimat- und Kulturpflege

Überall im Land gibt es bürgerschaftliche Initiativen
und Vereine, die mit viel Engagement Naturschutzge-
biete sichern und erhalten, sich dafür einsetzen, dass
eine alte Küsterschule oder ein Fachwerkhaus restau-
riert wird. Die NRW-Stiftung hat seit 1986 über 660
dieser Initiativen unterstützt und so mitgeholfen, dass
gute Ideen eine Chance haben.
Die NRW-Stiftung möchte aber mehr: Sie will nicht
nur konkrete Projekte unterstützen, sondern möglichst
viele Bürgerinnen und Bürger in Nordrhein-Westfalen
für die Ziele der Stiftung gewinnen. Deshalb wurde
1988 der Förderverein NRW-Stiftung gegründet.
Er soll mithelfen, dass die Idee der Stiftung bekannter
wird und weitere Projekte unterstützt werden können.
Die Beiträge kommen direkt den Projekten zugute. Für
die Mitglieder besteht dank der engen Beziehungen zu
den verschiedenen Initiativen ein vielfältiges Angebot.
Regelmässige Informationen über die Arbeit der Stiftung und freier Eintritt in Museen sind hier nur zwei
Beispiele. Dass man dabei auch viel Neues über seine
Heimat erfahren kann, zeigen vor allem die gemein-
samen Exkursionen.
Auf einer Fahrradtour zu den Störchendörfern in
Minden-Lübbecke, einer Wanderung durch das Zwill-
brocker Venn oder der Besichtigung der Restaurierungs-
werkstatt im Aachener Dom wird schnell klar, wie
wichtig es ist, dass diese Schönheiten unseres Landes erhalten werden.
Als Mitglied im Förderverein können Sie dazu beitra-
gen, dass nicht nur der Hetter, sondern auch vielen
anderen Initiativen geholfen werden kann. Machen
Sie mit, damit wir weitermachen können!

Informationen erhalten Sie beim Förderverein
Nordrhein-Westfalen-Stiftung
Naturschutz, Heimat- und Kulturpflege
Ross-Strasse 133, 40476 Düsseldorf
Telefon 0211/45485-34.

Orchideenwiesen werden gemäht, Amphibienteiche angelegt, Koppweiden geschnitten und Kilometer für Kilometer Hecken angelegt: In ganz Nordrhein-Westfalen
rühren sich Hände für den Naturschutz. Fast 150 ak-
tive Ortsgruppen, Stadtverbände oder Kreisverbände des
Naturschutzbundes Deutschland kümmern sich in unserem Land um Knabenkraut und Trollblume, Bekassine
und Steinkauz, Fadenmolch und Aurorafalter.
Wir scheuen auch vor grossen, landesweit wichtigen
Aufgaben nicht zurück. Andere Projekte, die der Naturschutzbund Deutschland in NRW betreut, sind in
aller Kürze:
* Rettung eines Stücks reizvoller Kulturlandschaft in
  der „Dingdener Heide" im westlichen Münsterland.
* Pflege und Renaturierung von Bruchwald und Hang-
  mooren im Bergischen Land rund um den Immerkopp.
* Unterstützung der Wiederbesiedlung unseres Landes
  durch seltene Wanderfalken.
* Sicherung von wertvoller „Natur aus zweiter Hand"
  durch Ankauf und Pflege eines Steinbruchs in Ost-
  westfalen.
* Rettung der Lipper Höhen mit ihren blumenreichen
  Wiesen im Siegerland.
Das alles kostet natürlich viel Geld. Viel mehr Geld,
als wir selber haben. Deshalb versuchen wir, wo immer
es möglich ist, uns mit anderen Institutionen zusam-
menzutun, um partnerschaftlich für mehr Natur in
unserem Lande zu sorgen. Einer dieser Partner ist die
„Nordrhein-Westfalen-Stiftung". Zu den Partnern und
Partnerinnen für unsere wichtige Arbeit zählen aber
auch Sie. Sie sind das wichtigste Kapital, das die Natur in unserem Land hat. Denn Naturschutz lässt sich
nur mit den Einwohnern dieses Landes machen.

Informationen erhalten Sie beim:
Naturschutzbund Deutschland.
Postfach 1245, 46468 Wesel,
Telefon 0281/29897 oder 29800.